A. Chiuchiù F. Minciarelli G. Novembri M. Silvestrini

viva l'italiano

1

libro operativo di lingua italiana per bambini

Edizioni Guerra - Perugia

ISBN 88-7715-027-0

3. 2. 1.
2003 2002 2001

II Edizione

Illustratore: Moreno Chiacchiera
Stampa: Guerra guru s.r.l. - Perugia

PREMESSA

Questo corso intende rispondere a precise richieste di ordine teorico e di ordine metodologico-didattico, con il proposito di fondere e di armonizzare, relativamente ai contenuti e ai tramiti, i risultati conseguiti dai vari metodi via via sperimentati nella glottodidattica, e misurati sulla reale capacità di analisi e sintesi, di acquisizione e memorizzazione proprie di uno scolaro **dai sei agli undici anni.**

In questa fase dell'età evolutiva, definita dal Piaget "delle operazioni concrete", la decodifica e la codifica di concetti astratti, quali quelli del codice linguistico di una L2, non si realizzano con gli stessi meccanismi di insegnamento-apprendimento messi in atto per un adolescente o per un adulto.

Per la interiorizzazione di questo, come pure di altri codici (per esempio, quello matematico), occorre far operare il bambino sul concreto, motivando ogni intervento quale risposta ad un bisogno che, in una L2, è sempre indotto.

La letteratura in materia riconosce l'importanza e la proficuità dell'apprendimento precoce di una lingua straniera. Anzi, questa età è definita ideale, perché il bambino:

– ha un **naturale interesse** per tutto ciò che è nuovo;

– ha migliore **orecchio** e migliore **capacità di imitazione**;

– ha minore consapevolezza linguistica e quindi **minore paura** dell'errore e dell'insuccesso;

– comincia a **rendersi conto** del "fenomeno linguaggio";

– **supera** le differenze socio-ambientali e le disparità del background socio-culturale.

È da sottolineare, inoltre, che, in questa età più che mai, è opportuno un approccio metodologico-didattico corretto che tenga conto, oltre che delle valenze educative proprie di una lingua, anche della psicologia dell'apprendimento infantile.

Le **premesse teoriche** che sono alla base del lavoro, muovono da criteri, che si fondano sui bisogni primari del bambino, il quale, per crescere ed apprendere, deve partecipare affettivamente ed emotivamente, deve prendere coscienza della propria corporeità, deve manipolare materiali e oggetti, deve vivere esperienze socializzanti che lo aprano agli altri.

Le **esperienze di apprendimento** oggettivate in questo corso riguardano la realtà concreta di vita che ogni bambino, comunque e dovunque, vive nel mondo: il gioco, la casa, la famiglia, la scuola, gli amici, gli animali, il tempo, il quartiere, la città e così via.

L'UNITÀ DIDATTICA

LIVELLO GLOBALE-SINCRETICO. L'approccio alla funzione comunicativa è dato da frasi situazionate e complete da un punto di vista linguistico. Ciò per rispondere alle leggi della **psicologia dell'apprendimento** secondo le quali, in questa età, il bambino percepisce dell'immagine o dell'oggetto (quindi anche di qualsiasi segno grafico) l'aspetto globale e in esso coglie un particolare per lui interessante (del "maestro", per esempio, disegna uno schema corporeo informe con in bella evidenza solo gli occhiali, della parola "mamma" percepisce solo le "mm").

Sarà pertanto necessario che l'insegnante si fermi sulle frasi proposte per aiutare il bambino a pronunciarle correttamente e a decodificarne il messaggio comunicativo anche servendosi, se necessario, della lingua madre.

A questo livello corrisponde la prima parte dell'Unità Didattica che riguarda la presentazione di una funzione attraverso un dialogo "dapprima breve e semplicissimo" poi gradatamente più sviluppato" (R. Titone).

LIVELLO ANALITICO-OPERATIVO. Si vuole superare la passività della lezione basata sull'ascolto e la sola ripetizione di funzioni linguistiche pur situazionate in contesto realistico.

Agli Autori è sembrato, perciò, determinante adottare le tecniche di **drammatizzazione** dei messaggi linguistici. Ciò perché il bambino, attraverso la finzione scenica o mimica, così come attraverso il gioco singolo e di gruppo, diviene attore e protagonista della situazione di vita che si vuole oggettivizzata.

È la fase che comprende, oltre al gioco e alla drammatizzazione suggeriti dall'insegnante, la **manipolazione** da parte del bambino sul libro e sulla funzione linguistica attraverso operazioni varie quali: disegnare, ritagliare, incollare, colorare, costruire, smontare, spostare, sovrapporre, eliminare, classificare, seriare, ordinare, ecc..

A questo scopo sono stati predisposti, all'interno dell'Unità Didattica, esercizi di sviluppo e di rinforzo, schede che serviranno per il lavoro individuale e per realizzare **cartelloni** di visualizzazione.

Tali cartelloni divengono così strumento operativo che può essere utilizzato dal singolo con funzione di rinforzo e dall'insegnante come sussidio per lo sviluppo e la costante verifica del lavoro della classe.

LIVELLO SINTETICO-PRODUTTIVO. Quanto sopra avrà permesso al bambino di comprendere e memorizzare semplici funzioni linguistico-comunicative che dovrà dimostrare di possedere sia durante la presentazione di nuove unità didattiche, sia in situazioni analoghe proposte.

Per questo sono state predisposte schede di verifica sul lessico, sulla lettura e sulla competenza comunicativa conseguita.

Nel predisporre l'Unità Didattica, gli Autori rispettano queste precise sequenze di lavoro:
- stabilire gli **obiettivi;**
- tenere conto dei **pre-requisiti** (elementi linguistici già acquisiti);
- scandire le **cadenze di lavoro** nelle quali si articola l'unità stessa.

Ogni Unità Didattica è presentata da un **dialogo**, il cui lessico è introdotto da un gioco di manipolazione. La lingua è colta in maniera completa e funzionale alle situazioni comunicative vissute da Mario e Lisa, i due bambini italiani protagonisti e dagli amici che crescono con loro.

Ogni Unità Didattica **non è isolata**, ma oltre che presentare il nuovo, muove, utilizza, rinforza, approfondisce quanto già appreso dal bambino.

Tutto il corso è impostato su un **vocabolario minimo,** rigorosamente verificato e controllato con **Personal Computer Olivetti M24.** Particolare attenzione è stata prestata alla **gradualità.**

Il bruco rappresenta il tramite ludico e operativo. Il suo ruolo può essere svolto anche dal bambino medesimo che di volta in volta è sollecitato a porsi nei vari compiti previsti dalla situazione comunicativa.

Per ragioni di rigorosa progressione metodologico-didattica il corso è diviso in **quattro volumi,** dei quali i **primi due** privilegiano l'ascolto dei suoni, la comprensione e la lettura, pur sempre nel rispetto della gradualità e sotto forma di completamento o "flash-back".

Il materiale del **primo e del secondo volume** è progettato per una utilizzazione e una acquisizione che copre un arco di circa 90 ore di attività.

Nel **terzo e quarto volume,** poiché sono rivolti a bambini dagli otto agli undici anni, età in cui i concetti possono essere astratti anche dalle immagini e dalle parole, si dà più spazio alla presentazione di brani, poesie, canzoni, filastrocche, favole, fiabe, scorci di vita e costume italiani. Il tutto nel rigoroso rispetto dell'interdisciplinarità nella scelta dei contenuti.

Il **colore** vivo e gradevole si fonde in modo efficace con un segno grafico incisivo e caratterizzante i personaggi e le situazioni, colti sempre in atteggiamento dinamico. Il tutto per fornire al piccolo discente una prima chiave di decodificazione del messaggio linguistico presentatogli.

La cura del **dettaglio** stimola la curiosità e quindi l'osservazione che è così volta ad approfondire ed ampliare, in maniera creativa, le conoscenze.

Il libro può essere **agevolmente usato** sia in classi numerose che in classi con pochi allievi; perché aiuta l'insegnante ad individualizzare l'insegnamento e a calibrarlo su ogni alunno, e perché suggerisce e consente varietà di spunti e attività creative per la classe.

Gli Autori

SOMMARIO

Incollare in questo spazio la propria foto.

Nome Hannah

Cognome Schwendinger

Città Linz

Scuola BRG Hamerling

Io
mi chiamo
Lisa.
LISA

Unità 1

Tu come ti chiami?

LISA
Nome Lisa
Cognome Bianchi
Città Roma
Scuola elementare Dante Alighieri
MARIO
Nome Mario
Cognome Bianchi
Città Roma
Scuola elementare Dante Alighieri

Disegnare il proprio viso nello specchio. Completare e scrivere il proprio nome.

mi chiamo ....Hannah........

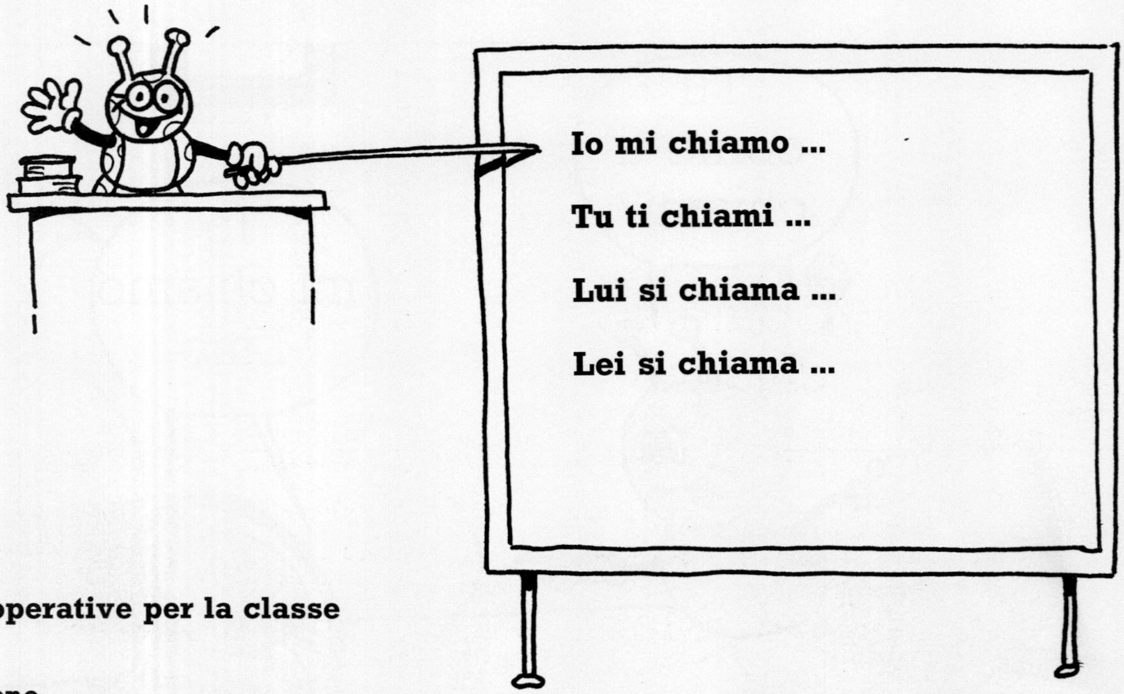

Proposte operative per la classe

1 - Cartellone
Ogni bambino completa la scheda n. 1 in appendice, ritaglia la parte indicata e la incolla ad un cartellone murale, ordinando i maschi a destra e le femmine a sinistra. Il titolo del cartellone, in bella evidenza, sarà: **"TU COME TI CHIAMI?"**

2 - Gioco delle presentazioni
I bambini sono disposti in cerchio. L'insegnante va al centro, saluta, dà la mano e dice: **"Ciao, io mi chiamo..... e tu come ti chiami?"** Ogni bambino risponde singolarmente all'insegnante.

Varianti: altri bambini si sostituiscono all'insegnante; ogni bambino opera con il vicino, a catena, sempre ripetendo in modo chiaro e preciso: **"Io mi chiamo..... e tu come ti chiami?"**; stando seduti, i bambini domandano e rispondono passando un testimone (il bruco, per esempio).

3 - Gioco con il bruco
Il gioco di cui al punto 2 può essere ripetuto facendo agire ogni bambino con una maschera che rappresenti il bruco (potrà essere disegnata la faccia su un tondo e questo incollato ad una paletta o bastone) che ogni bambino passerà all'altro dopo aver pronunciato le frasi: **"Io mi chiamo Lino e tu come ti chiami?".**

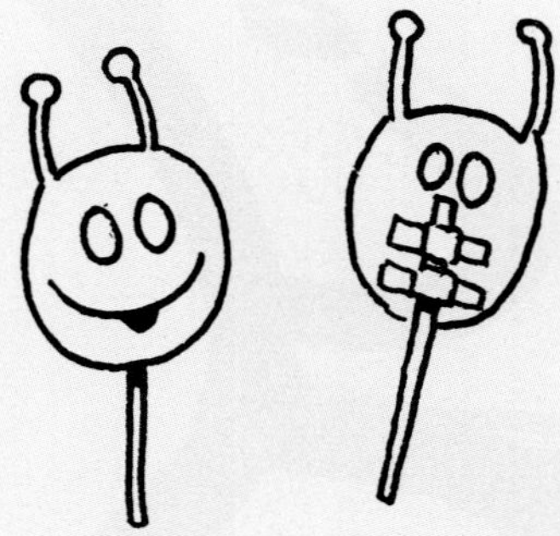

4 - Gioco con i nomi
Cercare la traduzione (se possibile) in italiano dei nomi dei bambini e ripetere il dialogo con i nuovi nomi. (D'ora in avanti sarà sempre il nome, in versione italiana, ad essere usato durante la lezione). Sarà inoltre utile al rinforzo scrivere il proprio nome su dei cartellini da attaccare alle cose personali (banco, quaderno, astuccio, ecc.).

Come si chiama?

Lui si chiama Mario.
Lei si chiama Lisa.
LISA
MARIO

Lui si chiama Lino.
MARIO

Scrivere nel fumetto le frasi presentate a pag. 9.

Mettere X dove il nome e l'immagine si incontrano.

LINO	X		
MARIO			X
LISA		X	

Completare.

Come si chiama lei?

Lei si chiama Lisa

Come si chiama lui?

Lui si chiama Mario

Come si chiama lui?

Lui si chiama Lino

Unità 2

Chi sei?

Ciao! Tu chi sei?
Ciao! Io sono una bambina.
Come ti chiami?
Mi chiamo Lisa.

Ciao!
Tu chi sei?
Ciao!
Io sono
un bambino.
Come
ti chiami?
Mi chiamo
Mario.

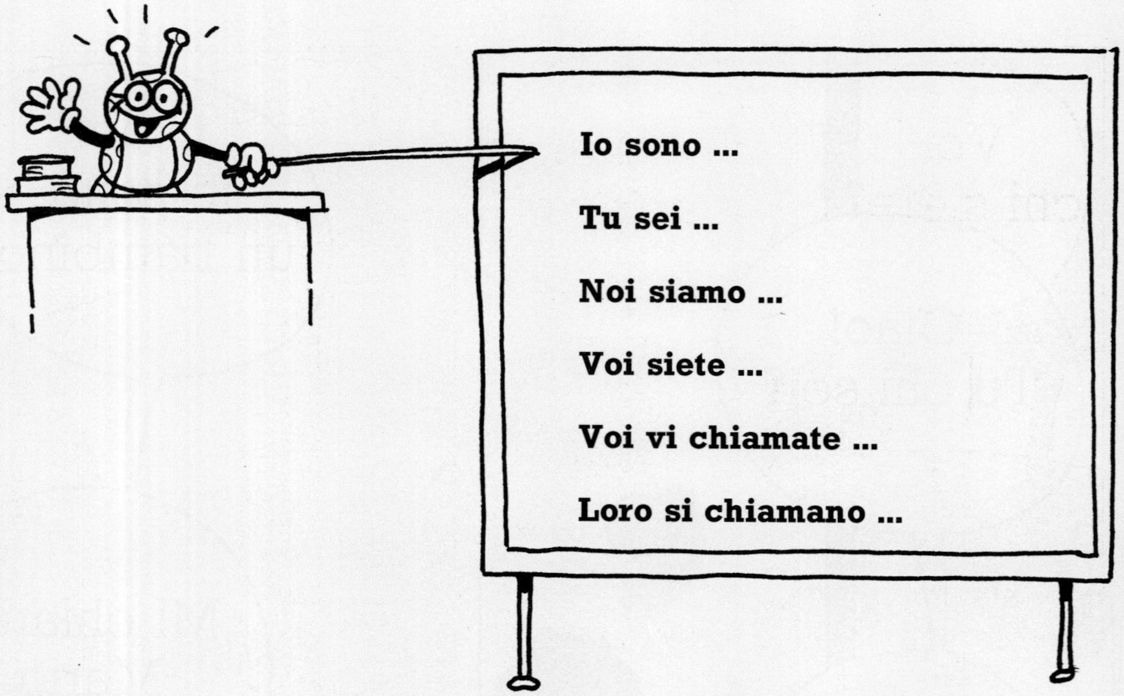

Proposte operative per la classe

1 - Ritagliare gli elementi della scheda n. 2 in appendice e incollarli negli spazi bianchi delle pagg. 12 e 13.

2 - Cartellone
Nel cartellone **"TU COME TI CHIAMI?"** cerchiare con un colore celeste i nomi dei bambini e con un colore rosa i nomi delle bambine. In fondo, in bella evidenza, scrivere: **SIAMO BAMBINI - SIAMO BAMBINE.**

3 - Cartellone
Completare la scheda n. 3 e incollare su un cartellone tutti gli autoritratti. Il cartellone avrà come titolo **"CHI SEI?"** In fondo, in bella evidenza, scrivere **SONO I BAMBINI - SONO LE BAMBINE.**
Se viene letto in orizzontale, la domanda sarà: **-Chi sei tu?** Risposta: **-Io sono un bambino** oppure **-Io sono una bambina.** Letto in verticale, la domanda potrà essere la stessa, oppure **-Chi siete?** Risposta: **-Siamo bambin-i/e**, indicando tutta la colonna o parte di essa.

4 - Gioco delle presentazioni
I bambini sono in riga, di fianco. Si presentano così: fanno un passo avanti, salutano e dicono: **-Ciao, io sono una bambina, mi chiamo.....** (nome italiano); oppure **-Ciao, io sono un bambino, mi chiamo...** (nome italiano).

5 - Gioco di gruppo
L'insegnante invita i maschi a mettersi in fila alla sua destra e le femmine alla sua sinistra; poi, rivolgendosi alle femmine, dice: **-Voi chi siete?** rispondono le bambine: **-Siamo bambine.** Rivolgendosi ai maschi: **-Voi chi siete? -Siamo bambini.** L'insegnante continua: **Come vi chiamate?** Tutti rispondono in successione, uno alla volta, con il proprio nome: **-Io mi chiamo.....**

Variante: le domande possono essere rivolte a gruppi di due, di tre, ecc.

6 - Gioco con il bruco
L'insegnante o un bambino fanno la parte del bruco, cioè fanno le domande. Si risponde in coro o singolarmente a seconda delle domande: **-Chi sei? -Chi siete? - Come ti chiami? -Come vi chiamate?**

7 - Gioco di gruppo
I bambini sono disposti in cerchio. L'insegnante invita uno di loro al centro. Quando il bambino avrà osservato bene i compagni e la loro posizione, verrà bendato. Dopo aver girato su se stesso un paio di volte, il ragazzo bendato cercherà di avvicinare e riconoscere al tatto un compagno: se pensa di averlo riconosciuto, dice: **- Tu chi sei, sei Luca? -Si, sono Luca!** o **-No non sono Luca.** Il ragazzo riconosciuto, viene bendato a sua volta.

Voi chi siete?
Noi siamo bambine.
Come vi chiamate?
Io mi chiamo Lisa.
Io mi chiamo Sara.
Voi chi siete?
Noi siamo bambini.
Come vi chiamate?
Io mi chiamo Mario.
Io mi chiamo Piero.

Scrivere nel fumetto le domande che il bruco pone alle bambine e ai bambini.

Scrivere nel fumetto le risposte delle bambine e dei bambini.

— Chi sono loro?

— Come si chiamano?

— Loro sono bambini.

— Si chiamano

Mario e Piero

— Chi sono loro?

— Come si chiamano?

— Loro sono bambine.

— Si chiamano

Lisa e Sara

Mettere X dove la frase e l'immagine si incontrano.

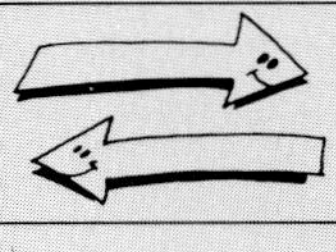				
Io sono una bambina.	X			
Io sono un bambino.		X		
Noi siamo bambine.			X	
Noi siamo bambini.				X

La mamma!

Il papà!

Unità 3

Chi è?

DRIIN
Chi è?
La mamma!
DRIIN
Chi è?
Il papà!

DRIIN
Chi è?
Sara e Piero!
LISA
DRIIN
Chi è?
I signori Rossi!

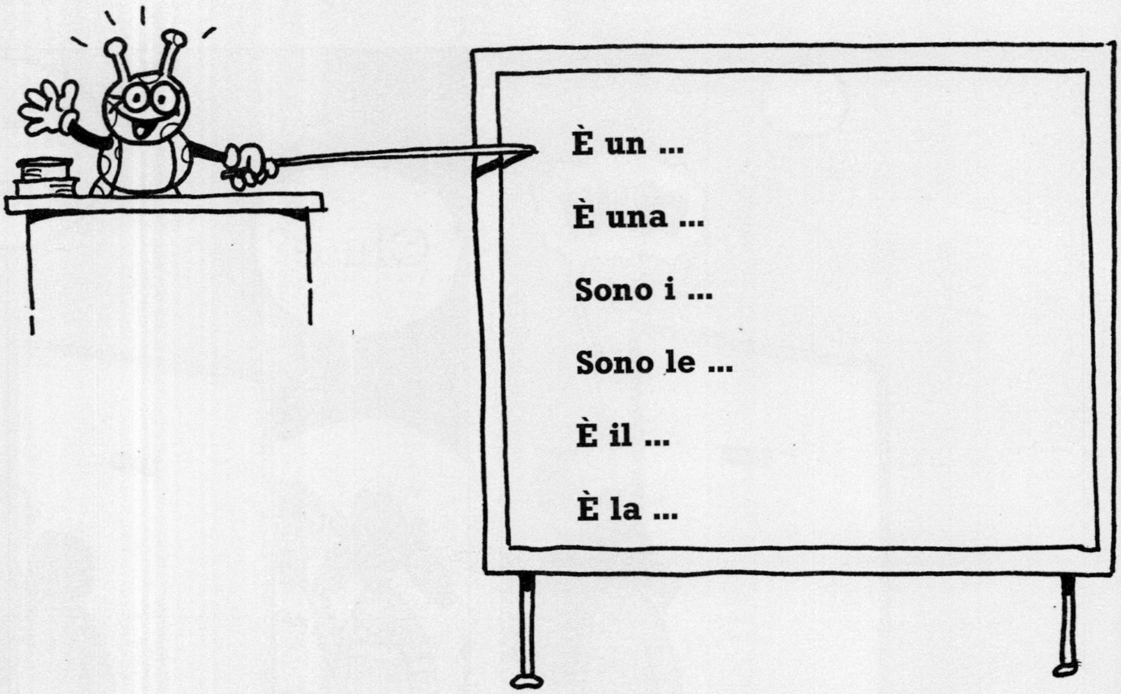

Proposte operative per la classe

1 - Ritagliare gli elementi della scheda n. 4 in appendice e incollarli lungo il tratteggio, a pag. 22 e 23.

2 - Cartellone
Ogni bambino completa la scheda n. 5, ritaglia la parte indicata e la incolla al cartellone: da un lato i papà, dall'altro le mamme. In fondo, in bella evidenza, scrivere: **SONO I PAPÀ - SONO LE MAMME.**
Il titolo del cartellone può essere: **"CHI È?"**

3 - Gioco di drammatizzazione
Cercare oggetti che caratterizzino i vari personaggi; per il papà: giornale, occhiali, sigaro, ecc.; per la mamma: borsa della spesa, cappellino; per il bambino: pallone, trenino, ecc.; per la bambina: bambola o cerchio, ecc.. Aprendo e chiudendo la porta, i bambini con gli oggetti che li caratterizzano recitano, di volta in volta, le varie parti e rispondono alla domanda **- Chi è?**

4 - Gioco di gruppo
Ogni bambino, a turno, chiede ad un compagno o all'insegnante **-Chi è?** e l'altro risponde.

5 - Gioco individuale
Un bambino esce dall'aula. Bussa e quando l'insegnante e la classe in coro chiedono **-Chi è?** entra e risponde, con voce chiara e precisa, secondo la formula già memorizzata:
-Sono Mario.
-Sono Luigi.
-Sono un bambino.
-Sono il papà.
-Sono la mamma.
-Ecc.

Chi sei?
Sono un bambino.
Sei un bambino?
Sì, sono un bambino.
Chi sei? Sei un bambino?
LISA
No! Non sono un bambino. Sono una bambina.

Chi siete?
Siete bambini?
LISA
SARA
No! Non siamo bambini. Siamo bambine.
Chi siete?
Siete bambine?
No! Non siamo bambine. Siamo il papà e la mamma.
Chi siete?
Siete il papà e la mamma?
No! Non siamo il papà e la mamma. Siamo i vicini.

Chi è? Come si chiama?

Chi è?
È una bambina?

Come si chiama?

Sì, è una bambina.

Si chiama Lisa.

Chi è?
È un bambino?

Come si chiama?

Sì, è un bambino.

Si chiama Mario.

Chi è?
È il papà?

Come si chiama?

Sì, è il papà.

Si chiama Paolo.

Chi è?
È la mamma?

Come si chiama?

Sì, è la mamma.

Si chiama Anna.

Chi sono? Sono i genitori? Come si chiamano?		Sì, sono i genitori. Si chiamano Anna e Paolo.
Chi sono? Sono i vicini? Come si chiamano?		Sì, sono i vicini. Si chiamano Rossi.
Chi sono? Sono i bambini? Come si chiamano?		Sì, sono i bambini. Si chiamano Mario e Piero.
Chi sono? Sono le bambine? Come si chiamano?		Sì, sono le bambine. Si chiamano Lisa e Sara.

Completare con «È, Sono», le frasi seguenti:

È una bambina. Si chiama Lisa.

.... un bambino. Si chiama Mario.

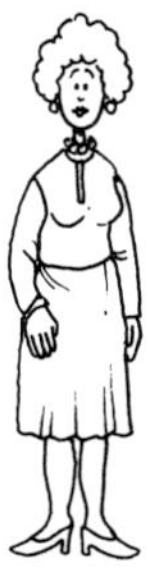

.... la mamma. Si chiama Anna.

.... il papà. Si chiama Paolo.

Sono i genitori.
Si chiamano Anna e Paolo.

.... i vicini. Si chiamano Rossi.

Disegnare e colorare negli spazi i personaggi indicati nelle risposte.

Sono le bambine.
Si chiamano
Lisa e Sara.

Sono i bambini.
Si chiamano
Mario e Piero.

Sono i genitori.
Si chiamano
Anna e Paolo.

Sono i vicini.
Si chiamano
Rossi.

Mettere X dove la frase e l'immagine s'incontrano.

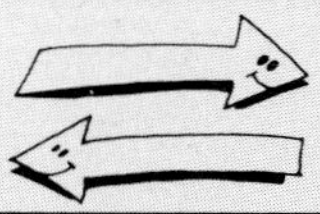						
È un bambino.						
È il papà.						
È la mamma.			X			
È una bambina.						
Sono le bambine.						
Sono i signori Rossi.						

Unità 4

Dove abiti?

Io abito in un giardino.
Tu dove abiti?
Io abito in un appartamento.
LISA

Voi dove abitate?
Noi abitiamo in via Fermi.

VIA
E. FERMI
Voi dove abitate?
Noi abitiamo in una villetta, in via Fermi.
VILLETTA ROSSI

Voi dove abitate?
Noi abitiamo in via Marconi.
VIA MARCONI

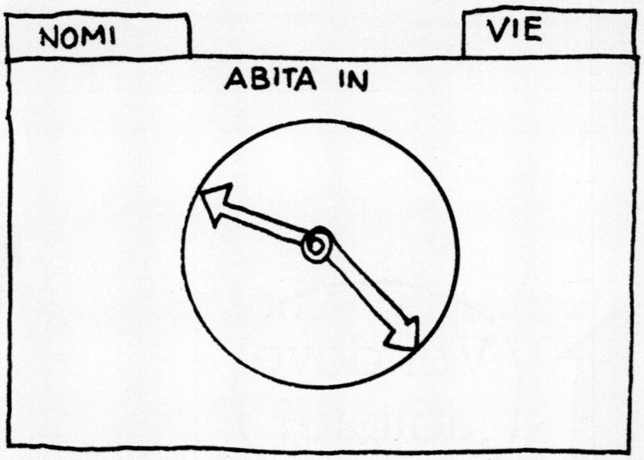

Proposte operative per la classe

1 - Ritagliare gli elementi della scheda n. 6 in appendice e incollarli negli spazi bianchi della pag. 34.

2 - Cartellone
Completare la scheda n. 7 in appendice. Dividere il cartellone in tre parti verticali. Incollare a destra tutte le vie disegnate dai ragazzi, al centro la relazione ABITA IN, a sinistra i nomi dei ragazzi. La relazione può essere rilevata da un nastro o da 2 lancette di cartone che il ragazzo sposta. Il cartellone, e pertanto i rapporti, possono essere manovrati liberamente da un bambino o dall'insegnante; gli altri bambini, individualmente o in coro, leggono.

3 - Gioco di gruppo
Un testimone (una palla, il bruco con la paletta) viene consegnato alternativamente ai bambini in cerchio. Chi riceve il testimone dice: **-Io sono....., mi chiamo....., abito in via....., e tu dovi abiti?** E il testimone passa così di seguito.....

4 - Gioco individuale per la conversazione
Due bambini parlano tra loro. Indicano un terzo. Il primo domanda: **- Chi è?** E il secondo risponde, **- È.....** e ancora, **-Come si chiama?** E il secondo risponde, **-Si chiama.....** e ancora, **-Dove abita?** E il secondo risponde, **-Abita in via.....**
E così via un altro terzetto.

Chi è?

Come si chiama? ☞

Dove abita?

È un bambino.

Si chiama Mario.

Abita in un appartamento, in via Fermi.

Chi è?

Come si chiama? ☞

Dove abita?

È una bambina.

Si chiama Lisa.

Abita in un appartamento, in via Fermi.

Chi è?

Come si chiama? ☞

Dove abita?

È un bambino.

Si chiama Piero.

Abita in via Marconi.

Chi è?

Come si chiama? ☞

Dove abita?

È una bambina.

Si chiama Sara.

Abita in via Marconi.

Chi sei?

Come ti chiami?

Dove abiti?

Io sono un bruco.

Mi chiamo Lino.

Abito in un giardino.

Chi siete?

Come vi chiamate?

Dove abitate?

Siamo il papà e la mamma.

Anna e Paolo.

Abitiamo in un appartamento, in via Fermi.

Chi siete?

Come vi chiamate?

Dove abitate?

Siamo i vicini.

Rossi.

Abitiamo in una villetta, in via Fermi.

Chi sono?

Come si chiamano?

Dove abitano?

Sono i bambini.

Si chiamano Mario e Pietro.

Mario abita in via Fermi.
Piero abita in via Marconi.

Ciao!
Io sono un bruco.
Mi chiamo Lino.
Abito in un giardino.

Ciao!
Noi siamo il papà e la mamma. Abitiamo in un appartamento, in via Fermi.

Ciao!
Io sono un bambino. Mi chiamo Mario. Abito in via Fermi. Il mio papà si chiama Paolo. La mia mamma si chiama Anna.

Ciao!
Io sono una bambina.
Mi chiamo Lisa.
Abito in via Fermi.
Il mio papà si chiama Paolo.
La mia mamma si chiama Anna.

Ciao!
Noi siamo i vicini.
Abitiamo in una villetta, in via Fermi.

E tu chi sei?

Completare e leggere.

Io sono ....

Mi chiamo ....

Abito in via ....

Il mio papà si chiama ....

La mia mamma si chiama ....

Mettere X dove nome e immagine si incontrano.

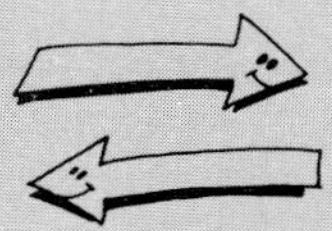	abita in  un appartamento	abita in  un giardino	abita in  una villetta	abita in  via Fermi
Lino				
Mario	X			
La mamma				
Il papà				
Lisa				
La signora Rossi				

PARTENZA
Buongiorno, papà!
Ciao, Piero!
Buongiorno, bambini!
LATTE

Unità 5

Buongiorno!

Buongiorno,
bambini!
Buongiorno,
papà!
Buongiorno,
mamma!

Buongiorno,
signori
Rossi!
Buongiorno,
Mario!
Buongiorno,
Lisa!
Ciao,
Piero!
Ciao,
Sara!

Buongiorno, bambini!
Buongiorno, signora maestra!

Arrivederci, bambini!
Arrivederci, signora maestra!

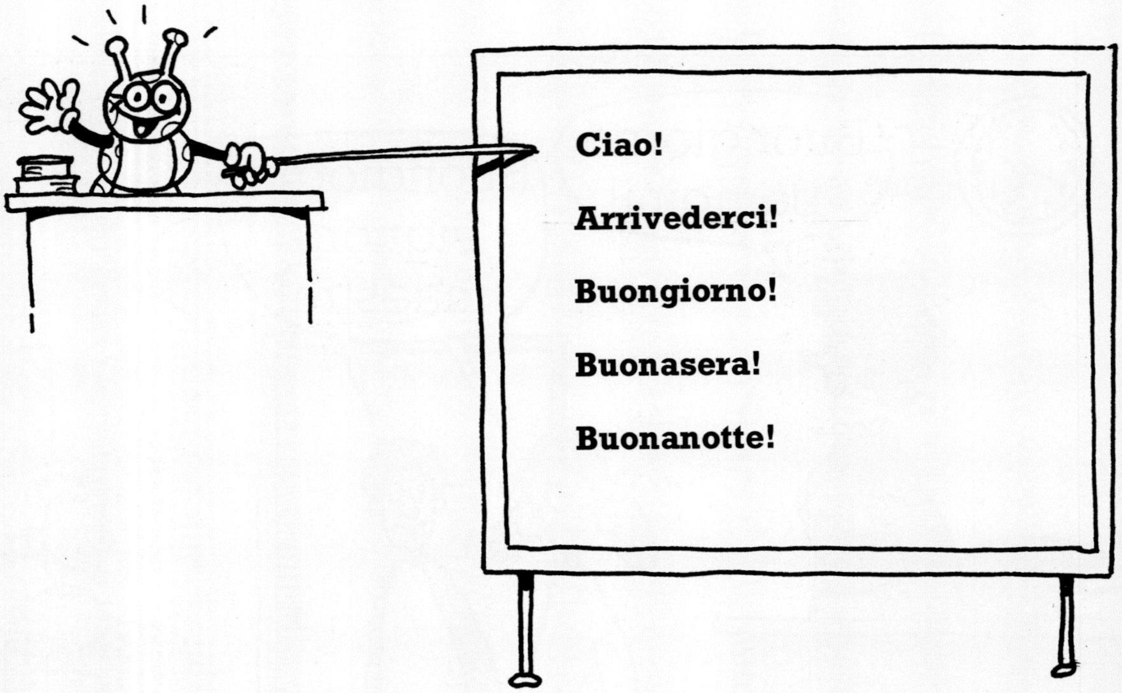

Proposte operative per la classe

1 - Ritagliare il dado della scheda n. 8, in appendice, piegare e incollare le parti grigie.
Tirare il dado e andare avanti secondo i punti ottenuti.
Attenzione! Quando si arriva a:
Buongiorno - si tira ancora.
Arrivederci - si torna all'inizio.
Buonasera - si sta fermi un giro.
Ciao - si vince un punto.
Buonanotte - la giornata e il gioco sono finiti: vince chi conclude per primo.

2 - Preliminare
L'insegnante inizia e conclude ogni lezione con il saluto alla classe:
– Ciao, bambini!
– Buongiorno, signora maestra (signorina, signor maestro)!

Ogni attività di drammatizzazione, quando ciò sia consentito dalla situazione, inizierà e finirà con i saluti.

3 - Canzone "Buongiorno"

4 - Buongiorno, (filastrocca dei saluti)
Buongiorno,
alla mamma e al papà
alla nonna e al nonno.

Buonasera,
Buonasera a Luca, Anna,
Giovanna e Vera.

Arrivederci,
Arrivederci a stasera,
a domani, alla prossima primavera.

Buonanotte,
Buonanotte a te, a me,
a Lisa e Sara,
a Beatrice, Angela e Chiara.

Buonasera, signori Rossi!
Buonasera!
Buonasera, bambini!

Buonanotte, bambini!
Buonanotte, papà! Buonanotte, mamma!

Incollare i fumetti della scheda n. 9.

Completare e leggere.

Buongiorno, signore!

...., Mario!

Buonanotte, mamma!

...., Lisa!

Arrivederci, signora!

...., signor Rossi!

Buonasera, Mario!

...., signor Rossi!

...., papà!

Buongiorno, Lisa!

...., mamma!

Buonanotte, Mario!

...., signore!

Ciao Mario!

...., Mario!

Buonasera, signor Rossi!

Completare le seguenti parole di saluto.

Ar............ived............rc............

C............a............

B............on............s............ra

Bu............ng............o............n............

Buon............n............tt............

Arr............vede............c............

Disegnare situazioni in cui i personaggi si salutano.

Buongiorno!	Buonasera!
Arrivederci!	Ciao!

Che cosa è?

Unità 6

Che cosa è?
Di chi è?

Ciao, Luigi!
Ciao, Mario!
Che cosa è?
È un robot.

Di chi è il robot?
È di Luigi.
Un robot?

Che è?
È una macchina.

Sì, è una macchina, ma di chi è?
È la "Ferrari" di Mario.

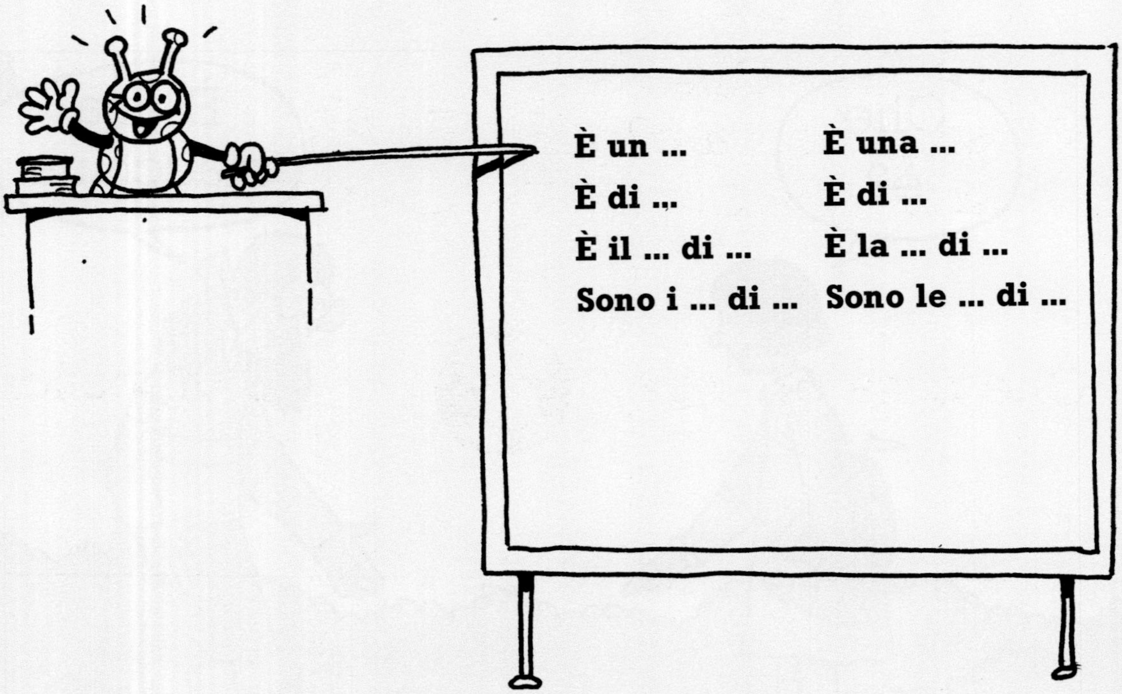

Proposte operative per la classe

1 - Ritagliare gli elementi della scheda n. 10 in appendice e incollarli nello spazio bianco della pagina 55.

2 - Gioco individuale
I bambini ritagliano (dalla pubblicità), disegnano giocattoli e danno loro i relativi nomi, con l'aiuto dell'insegnante.

3 - Cartellone
In un cartellone dal titolo **"CHE COSA È?"** i ragazzi incollano giocattoli in sagoma, che hanno preventivamente disegnato, colorato, ritagliato (Scheda n. 11). Accanto ad ogni giocattolo, ben chiaro, è scritto il nome relativo. In fondo, bene in evidenza, la scritta: **I GIOCATTOLI.**
Il lavoro, una volta ultimato, servirà anche come verifica per ripercorrere le sequenze del tipo:
– Che cosa è?
– È un/una .....?

4 - Gioco di classe
I bambini, a turno, indicando un oggetto, chiedono:
– Che cosa è? e a turno rispondono **(È) un/una...**
– Di chi è? e rispondono, sempre a turno, **– È di ..., È il ... di..., È la ... di ... .**

5 - Gioco di classe
L'insegnante disegna alla lavagna o mostra una parte di oggetto-giocattolo.
Scrive poi tante X quante sono le lettere che ne compongono il nome. La classe, divisa in squadre, a turno, prova a decodificare la crittografia dichiarando il nome e, se possibile, scrivendolo alla lavagna. Vince chi riesce ad individuare il maggior numero di nomi di oggetti.

6 - Per la conversazione
Un bambino bendato tocca un oggetto e alla domanda **"Che cosa è?"** risponde **"è un/una".**

7 - L'insegnante prende alcuni oggetti degli allievi e mostrandoli domanda **"Di chi è?" "Di chi sono?".**

Che cosa è?		È un pallone.
Di chi è il pallone?		Il pallone è di Mario.
Che cosa è?		È un cavallo.
Di chi è il cavallo?		Il cavallo è di Mario.

Che cosa è?		È una bambola.
Di chi è la bambola?		La bambola è di Lisa.
Che cosa è?		È un treno.
Di chi è il treno?		Il treno è di Piero.

Che cosa è?

Completare e colorare secondo l'indicazione data dal numero corrispondente dei quadretti.

□ □ □ □

È ....

□ □ □

È ....

□ un treno

□ □ un robot

□ □ □ un pallone

□ □ □ □ un cavallo

□

È ....

□ □

È ....

Di chi è?

Colorare e poi completare scegliendo il lessico giusto.

....

è di Mario.

Il treno
Il cavallo
Il robot
Il pallone

....

è di Piero.

Il robot
Il pallone
Il cavallo
Il treno

....

è di Luigi.

Il pallone
Il cavallo
Il robot
Il treno

Mettere X dove il nome e l'immagine si incontrano.

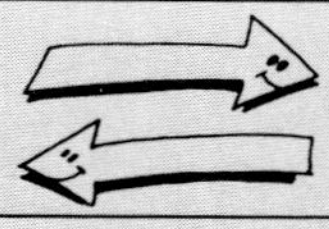						
Il pallone						
La macchina				X		
Il treno						
Il robot						
La bambola						
Il cavallo						

Che cosa è?

Completare e colorare secondo l'indicazione data dal numero corrispondente dei quadretti.

□ □ □ □

È ....

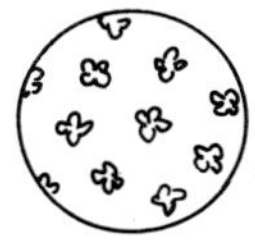

□ □ □

È ....

□ una macchina
□ □ una bambola
□ □ □ una palla
□ □ □ □ una barca

□

È ....

□ □

È ....

Di chi è?

Colorare e poi completare scegliendo il lessico giusto.

....	....	....
è di Lisa.	è di Mario.	è di Sara.
La macchina	La macchina	La barca
La barca	La palla	La macchina
La bambola	La barca	La palla
La palla	La bambola	La bambola

Colorare, completare le frasi e metterle, con una freccia,
in relazione con il disegno giusto.

È il cavallo
di ....

È il robot
di ....

È il treno
di ....

Colorare, completare le frasi e metterle, con una freccia, in relazione con il disegno giusto.

È la barca
di ....

È la macchina
di ....

È la bambola
di ....

Disegnare e colorare i giocattoli di Mario.

Sono i giocattoli di Mario.

Disegnare e colorare i giocattoli di Lisa.

Sono i giocattoli di Lisa.

Pupa, la bambola,
ha la gonna,
non ha i pantaloni.

Unità 7

Che cosa ha?

Bobo, il pagliaccio,
ha i pantaloni,
non ha la gonna.

Che bella bambola! Come si chiama?
Si chiama Pupa.
Ha la gonna e la camicetta?
Sì, ecco la gonna e la camicetta.
Ha le calze e le scarpe?
Sì, ecco le calze e le scarpe.
Ha il cappotto e il cappello?
Certo, ha anche il cappotto e il cappello.
LISA

Che bella bambola! Come si chiama?
Non è una bambola. È un pagliaccio. Si chiama Bobo.
Bobo ha la gonna?
No, non ha la gonna, ma i pantaloni.
Bobo ha la camicetta?
No, non ha la camicetta, ma il maglione.
Bobo ha le calze e le scarpe?
Sì, ha le calze e le scarpe.

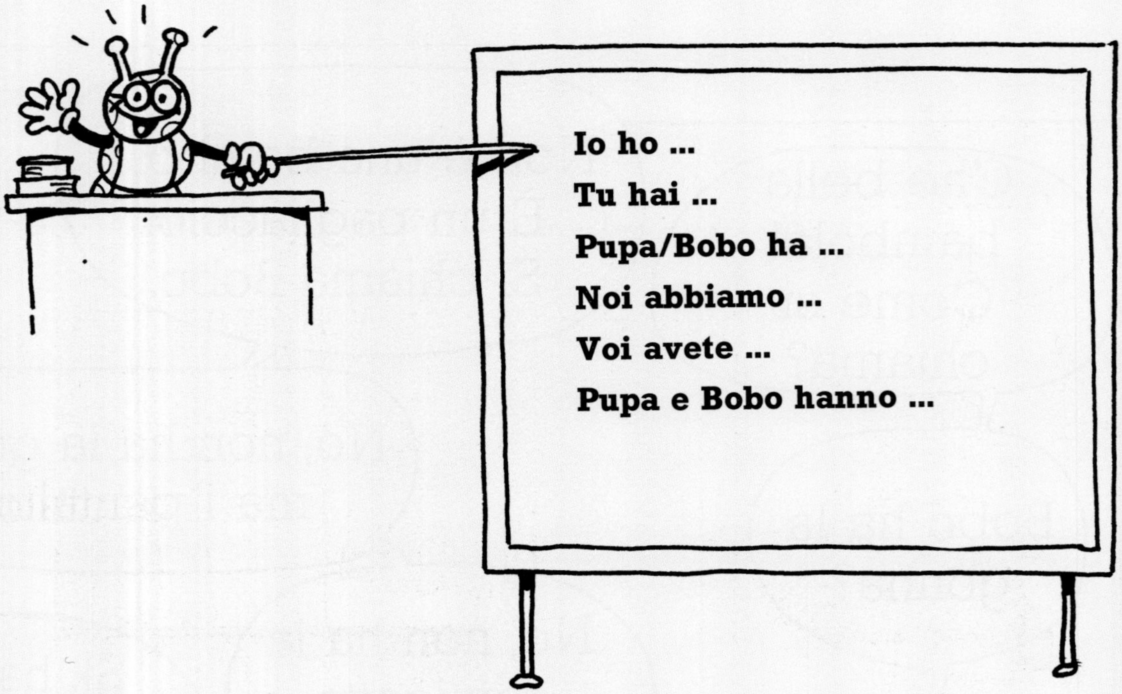

Proposte operative per la classe

1 - Ritagliare gli elementi della scheda n. 12, in appendice, e vestire i personaggi nelle pagg. 68 e 69.

2 - Cartellone
Incollare su un cartellone fotografie e riproduzioni prese dalla pubblicità di scarpe, calze, cappelli, borse, cappotti, gonne, pantaloni e ... quant'altro si trovi e che sia comunemente indossato anche dai bambini. Accanto ad ogni indumento scrivere il nome. Servirà per la conversazione:

– **Che cosa ha la bambina? / la signora? / il bambino? / il signore? / ecc.**
– **Ha i pantaloni / le scarpe / la camicetta / la borsa / ecc.**

Il medesimo cartellone servirà per stimoli quali:

– **Che cosa è?**

3 - Gioco di gruppo
In cerchio con la palla l'insegnante dice: **-...ha la gonna!** e lancia la palla ad una bimba con la gonna. La bambina, a sua volta, lancerà la palla ad un'altra pure con la gonna e dirà: **- ... ha la gonna!**
Esaurite tutte le gonne, la palla torna alla maestra che dichiara un altro indumento, ad esempio: **- ... ha la maglia!** Successivamente **- ... ha i pantaloni** e così via. Si può giocare poi con la forma negativa.
..... non ha la gonna!
..... non ha i pantaloni!

4 - Lavorare con la scheda n. 13, in appendice.

Io e Pupa abbiamo le gonne.
le camicette
i vestiti
le gonne
le calze
le scarpe
i pantaloni
Io e Bobo abbiamo i pantaloni.
le calze
le camicie
i cappotti
le calze
le scarpe

M G L I N E
C L E
O A
A
T T
C P P T T O
S A P E
L L O

Mettere in corrispondenza, con una freccia, la frase e il disegno giusto.

Pupa,
la bambola di Lisa,
ha la gonna.

Bobo,
il pagliaccio di Mario,
ha i pantaloni.

La bambola di Lisa
ha il vestito.

Il pagliaccio di Mario
ha la camicia.

Pupa ha la camicetta.

Il pagliaccio ha
la giacca.

La bambola di Lisa
ha il cappello.

Bobo ha il cappotto.

Colorare gli indumenti
che hanno Mario e Lisa.

Mario ha
i pantaloni.

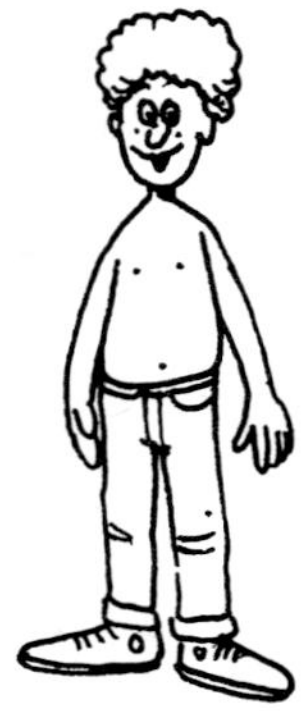

Mario ha
la camicia.

Mario ha
il cappotto.

Lisa ha
il cappello.

Disegnare gli indumenti
che Mario e Lisa non
hanno.

Mario non ha
i pantaloni.

Lisa non ha
la camicetta.

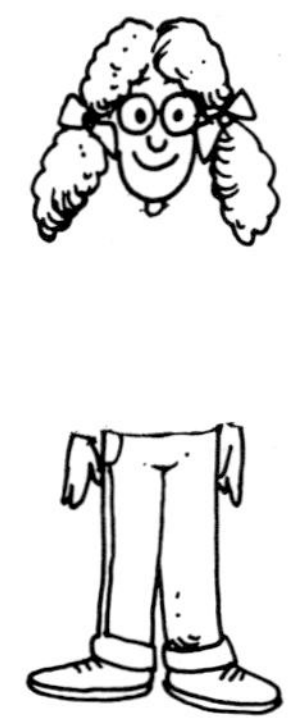

Mario non ha
le scarpe.

Lisa non ha
la gonna.

Che cosa ha Mario?

Che cosa non ha Mario?

Scrivere il nome del giocattolo che Mario non ha.

Mario ha il pallone, la macchina, il robot e la barca.

Mario non ha

....

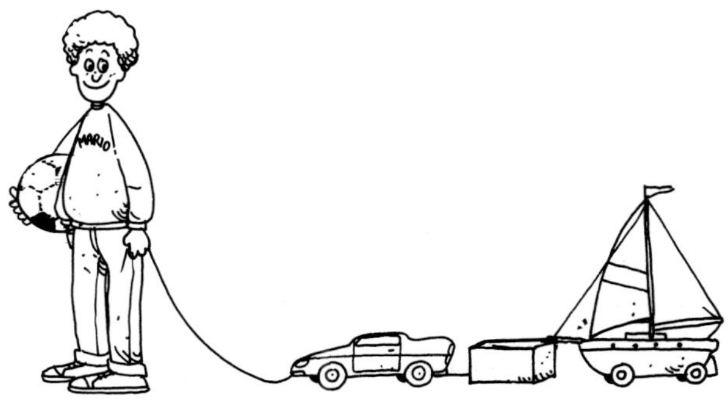

Mario non ha

....

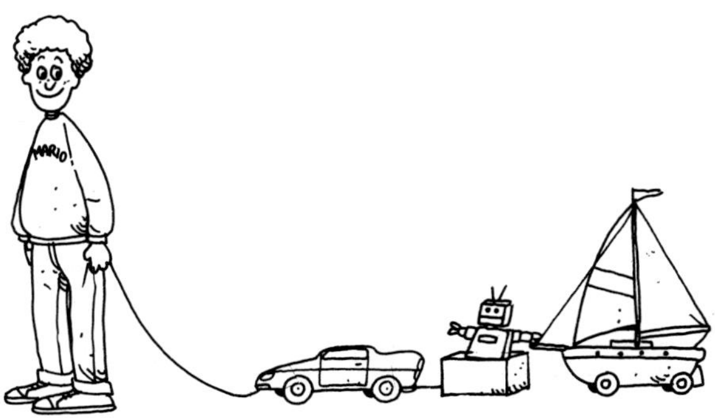

Mario non ha

....

Mario non ha

....

Completare e leggere le frasi che si saranno formate.

Io ho ....

Io non ho ....

Che cosa hanno? Che cosa non hanno?

Completare e leggere.

Pupa e Lisa non hanno i pantaloni, hanno la gonna.

Bobo e Piero non hanno la gonna, hanno i pantaloni.

Mario e Bobo .... la camicetta, hanno il maglione.

Sara e Lisa non hanno il maglione, ... la camicetta.

Mario e Lisa non hanno il cavallo, ... la palla e il pallone.

Piero e Luigi .... la palla e il pallone, hanno il cavallo.

Osservare le espressioni usate.

– **Io ho** un pagliaccio,
  e **tu** che cosa **hai**?
– **Bobo ha** un cappello,
  e **voi** che cosa **avete**?
– **Noi abbiamo** i giocattoli.
– **Le bambine hanno** i giocattoli?
– Sì, **Sara** e **Luisa hanno** tanti giocattoli.

Leggere

Lisa è una bambina italiana. I suoi genitori si chiamano Anna e Paolo. Suo fratello si chiama Mario. Abita a Roma, in via Fermi. I signori Rossi sono i suoi vicini di casa.

Ha una bambola che si chiama Pupa. Pupa ha tanti vestiti: la gonna, la camicetta, la giacca, il maglione, il cappello. L'amica di Lisa è Sara. Anche Sara ha una bambola. Lisa e Sara hanno tanti altri giocattoli.

— Ciao!
— Sono una bambina.
— Mi chiamo Lisa.
— Abito in via Fermi.
— Ho una bambola.
— La mia bambola si chiama Pupa.
— La mia bambola non ha i pantaloni.
— La mia bambola ha il cappello.

— Ciao!
— Sono un bambino.
— Mi chiamo Mario.
— Abito in via Fermi.
— Ho un treno.
— Ho una macchina.
— Ho i pantaloni, non ho la gonna.
— Ho un pagliaccio che si chiama Bobo.

— Ciao!
— Io sono ....
— Mi chiamo ....
— Abito in via ....
— Il mio papà si chiama ....
— La mia mamma si chiama ....
— Ho una ....
— Ho un ....
— Non ho ....
— Non ho ....

Unità 8

Di che colore è?

Chi è?
È Pulcinella.
Di che colore è il vestito di Pulcinella?
È bianco.
Che cosa ha sul viso?
Ha una maschera.
Di che colore è la sua maschera?
La sua maschera è nera.

Chi è?
È Arlecchino.
Di che colore è il vestito di Arlecchino?
È di tanti colori.
Che cosa ha sulla testa?
Ha un cappello.
Di che colore è il cappello di Arlecchino?
Il cappello di Arlecchino è bianco.

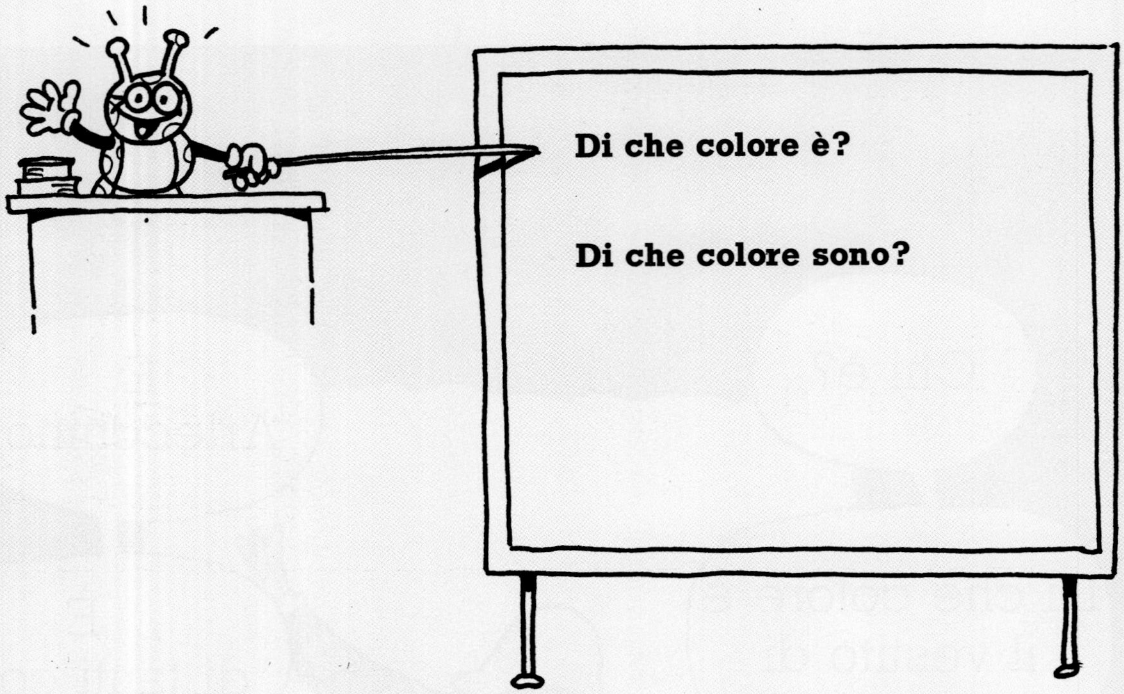

Proposte operative per la classe

1 - Ritagliare gli elementi della scheda n. 14 in appendice e incollarli negli spazi bianchi delle pagg. 82-83.

2 - Cartellone

La classe è divisa in gruppi. Ogni gruppo prende il nome di un colore. Abbiamo così **i rossi, i neri,** e così via. Ogni gruppo cerca e disegna cose del proprio colore. I disegni realizzati e debitamente colorati sono riuniti in un insieme con un cerchio o un quadrato. Il titolo del cartellone è; **"DI CHE COLORE È?".** Alla fine, in calce al cartellone, si scrive: **SONO ROSSI, SONO GIALLI, ecc.** La presente attività è organizzata come gara tra gruppi. Vince il gruppo che, nel tempo stabilito dall'insegnante, realizza il maggior numero di disegni.

3 - Gioco collettivo

In classe, in palestra o all'aperto.
L'insegnante o un bambino pronuncia la parola: **giallo**; i bambini si portano vicino ad un oggetto di questo colore e lo toccano. L'ultimo che arriva è sottoposto a penitenza. Il gioco continua chiamando altri colori.

4 - Gioco di gruppo

Si gioca con le carte della scheda n. 15 in appendice. L'insegnante o un bambino pronuncia la frase: **fuori il rosso**; i giocatori alzano il cartellino giusto. Possono giocare anche due bambini o due squadre.

5 - Per la conversazione

L'insegnante o un alunno, riferendosi a un bambino o una bambina, rivolgono domande del tipo:
– Di che colore è il vestito di ...?
– Di che colore sono i pantaloni di ...?

Il mare e il cielo
sono azzurri.

Il sole e la banana
sono gialli.

Il fuoco e la mela
sono rossi.

Il latte e la tazza
sono bianchi.

Di che colore sono?

I cappelli sono neri.
Le lavagne sono nere.

Le fragole sono rosse.
I maglioni sono rossi.

I limoni sono gialli.
Le banane sono gialle.

Le camicette sono azzurre.
I pantaloni sono azzurri.

I prati sono verdi.
Le foglie sono verdi.

Le nuvole sono bianche.
I fogli sono bianchi.

Colorare come indicato dalle frasi.

Il limone è giallo.

Il mare è azzurro.

La fragola è rossa.

La lavagna è nera.

La nuvola è bianca.

La foglia è verde.

Colorare come indicato dalle frasi.

I limoni sono gialli.

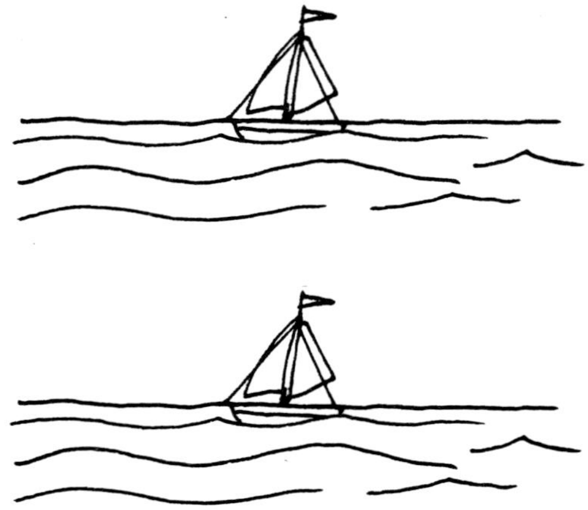

I mari sono azzurri.

Le fragole sono rosse.

Le lavagne sono nere.

Le nuvole sono bianche.

Le foglie sono verdi.

Colorare come indicato dalle frasi.

Il robot è rosso.

La barca è verde.

Il vestito è giallo.

Il cavallo è nero.

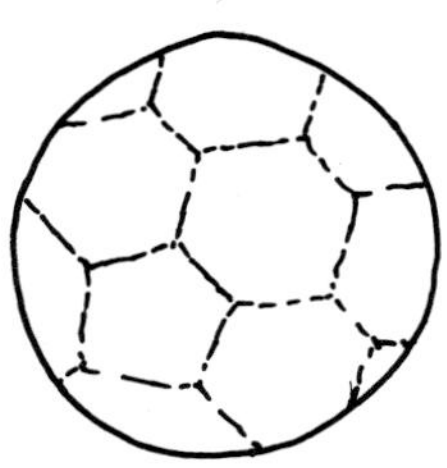

Il pallone è nero e bianco.

Il treno è rosso, azzurro e nero.

Colorare come indicato dalle frasi.

I cavalli sono neri.

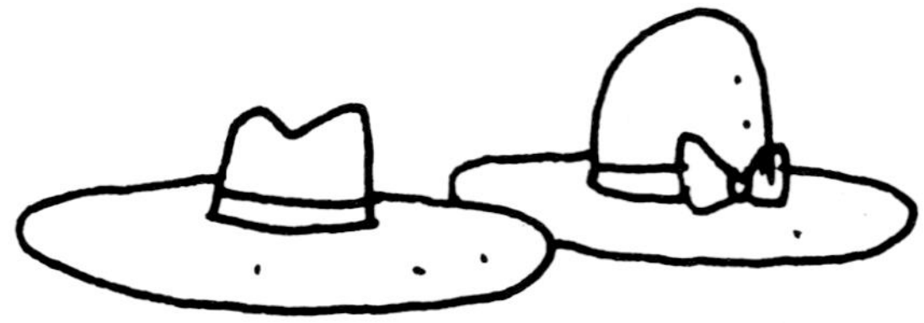

I cappelli sono bianchi.

I vestiti sono gialli.

Le barche sono verdi.

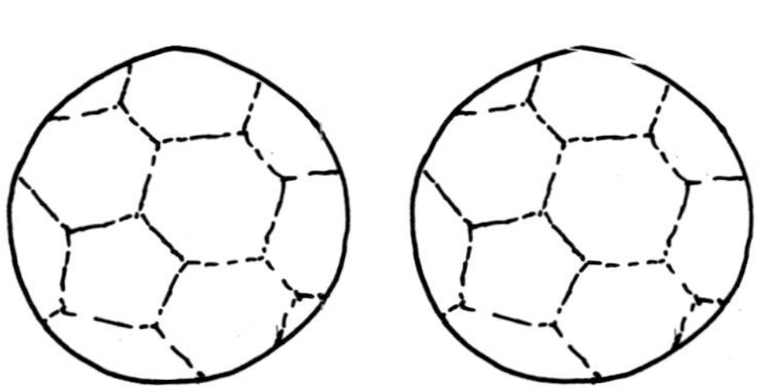

I palloni sono neri e bianchi.

I treni sono rossi, azzurri e neri.

Di che colore è?

Di che colore è il cavallo di Mario?

È verde. ☐
È bianco. ☐
È nero. ☐

Di che colore è la barca di Sara?

È verde. ☐
È gialla. ☐
È rossa. ☐

Di che colore è il robot di Luigi?

È nero. ☐
È rosso. ☐
È bianco. ☐

Completare.

Il sole
è ....

Il fuoco
è ....

La nuvola
è ....

La lavagna
è ....

I limoni
sono ....

I cavalli
sono ....

Le foglie
sono ....

Le fragole
sono ....

Colorare secondo le indicazioni date.

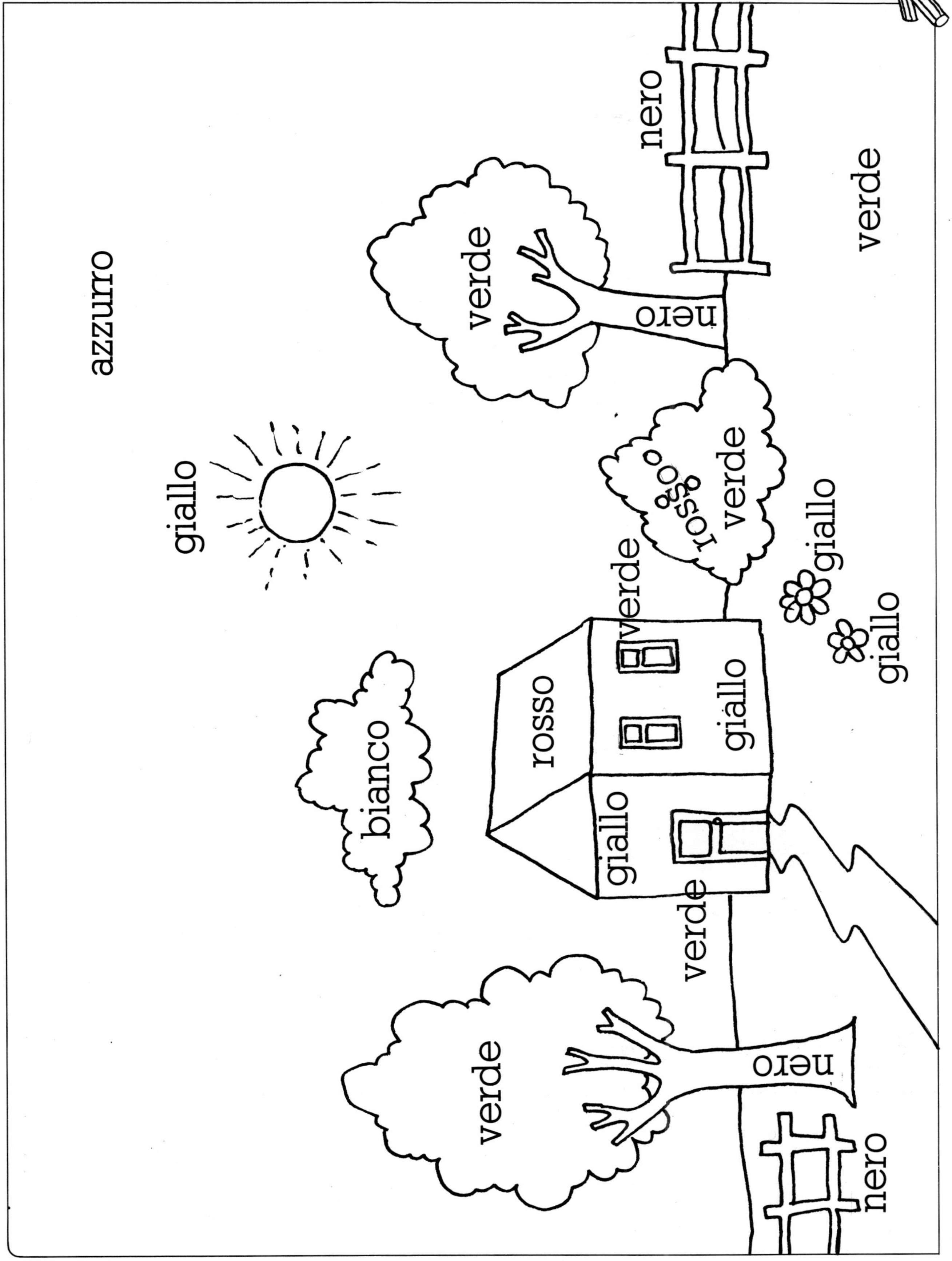

Unità 9

Dov'è?

Luisa, dov'è la mia scarpa?
Forse è sotto il letto.
MARIO

No! Non è sotto il letto.
Forse è sotto la poltrona.

No! Non è sotto la poltrona!!
Sei disordinato!!! Io non so dov'è la tua scarpa!!
MAR

Eccola, finalmente! Guarda, è dentro l'armadio.

Proposte operative per la classe

1 - Ritagliare gli elementi della scheda n. 16 in appendice e incollarli negli spazi bianchi delle pagg. 96-97.

2 - Gioco di gruppo
In palestra o all'aperto.
I bambini sono disposti in cerchio o l'uno dietro l'altro. L'insegnante, al centro, consegna la palla ad uno e dice: – **Palla sopra.** La palla passa dalle mani dell'uno all'altro, sopra la testa di ognuno. – **Palla sotto.** Giro completo della palla che passa fra le gambe divaricate dei bambini, di mano in mano. A discrezione dell'insegnante: – **uno sopra, uno sotto;** – **Due sopra, due sotto;** – **uno sopra, due sotto** e così via.

3 - Gioco di gruppo
Si dispongono delle sedie o dei banchi in fila lungo un percorso.
I bambini, seguendo il comando dell'insegnante: – **Sopra la sedia** o **sotto la sedia,** eseguono. Organizzando più percorsi, si possono allestire delle gare. Vince chi completa il percorso per primo, senza sbagli, dimostrando cioè di capire perfettamente gli ordini.

4 - Per la conversazione
L'insegnante prende un oggetto (uno qualsiasi, non è necessario che se ne conosca il nome, un quaderno, una penna, una scatola di fiammiferi, ecc.), lo pone sopra o sotto o dentro un arredo di cui i bambini conoscono il nome (la sedia, l'armadio, il tavolo, la borsa, il cassetto ecc.), quindi domanda: –**Dov'è? È sotto, sopra, dentro l'armadio?.** Un bambino, un gruppo o la classe in coro rispondono: –**Sì, è sopra/sotto/dentro l'armadio.**
Quando l'insegnante è certo che questo passaggio è stato perfettamente acquisito, rivolge una domanda che impone la risposta negativa. per esempio: l'oggetto è sopra l'armadio e chiede: –**È sotto l'armadio? – No, non è sotto l'armadio.** Oppure: –**È sotto l'armadio? – No, non è sotto l'armadio.**

5 - Caccia al tesoro
Si fa uscire un bambino dall'aula. Si nascondono uno o più oggetti. Al rientro si chiede: –**Dov'è ...?** o –**Dove sono ...?** Si richiedono risposte con: **sopra, sotto, dentro.**
Ad ogni risposta sbagliata, la classe replica: –**No, non è ...!**

6 - Caccia alla città.
Usando la Cartina a pag. 128, l'insegnante invita i bambini a trovare le città.
Dove è Roma? È qui - eccola!
Dove è Milano? È qui - eccola!
ancora – **Milano è sopra o sotto Roma?** e così via...

Anna!! Dove sono i miei pantaloni azzurri?
Sono in camera, dentro l'armadio.
Dove sono i tuoi giocattoli?
Dentro il cesto rosso.
Dove sono i vestiti di Pupa?
Sono dentro il cesto giallo.
I bambini sono in camera a giocare.

Collegare parole e immagini.

				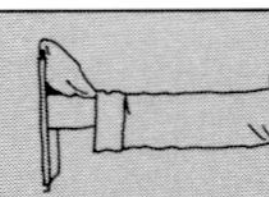	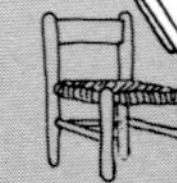
L'armadio					
Il letto					
Il gatto					
Il tavolo					
La sedia					

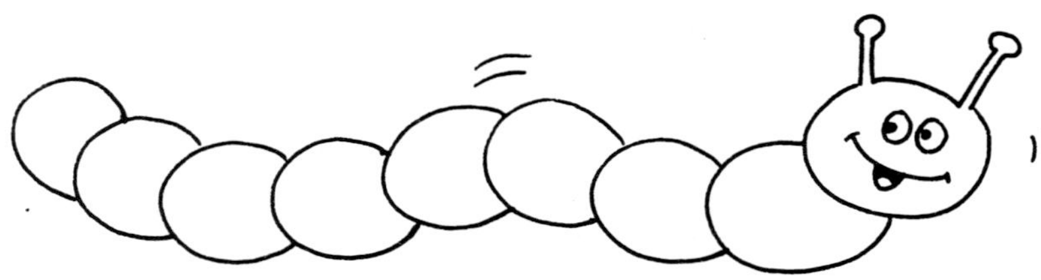

Collegare parole e immagini.

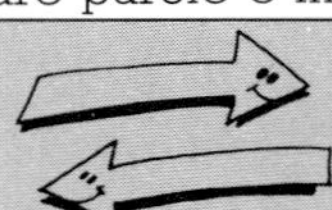					
Il libro					
La borsa					
La bambola					
La palla					
La lampada					

	VERO	FALSO
La scarpa di Mario è sotto il letto.	☐	☐
La scarpa di Mario è sopra la poltrona.	☐	☐
La scarpa di Mario è dentro l'armadio.	☐	☐
I pantaloni del papà sono in camera.	☐	☐
I giocatolli di Mario sono sopra la sedia.	☐	☐
I vestiti di Pupa sono dentro il cesto giallo.	☐	☐
I bambini sono in salotto a giocare.	☐	☐
Il bruco è in camera con i bambini.	☐	☐

Completare con **è** - **sono**

I limoni .... sopra il tavolo.

Il robot .... dentro la scatola.

Il gatto .... sotto il letto.

I vestiti di Pupa .... dentro il cesto.

La borsa .... sopra il letto.

La bambola .... sopra il tappeto.

Le scarpe .... sotto la poltrona.

Le calze .... dentro l'armadio.

Collegare con una freccia l'immagine
con la frase giusta.

Il tappeto è sotto il tavolo.

La bambola è sopra la sedia.

Il libro è dentro il cassetto.

Il gatto è sopra il letto.

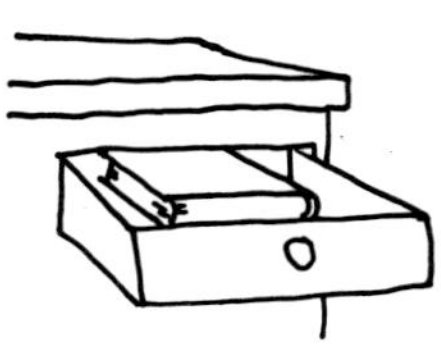

La palla è sotto la sedia.

La gonna è dentro l'armadio.

Scegliere la frase giusta.

☐ La sedia
è sopra
il tavolo.

☐ La sedia
è sotto
il tavolo.

☐ La sedia
è sopra
il tavolo.

☐ La sedia
è sotto
il tavolo.

☐ Il gatto
è sopra
il letto.

☐ Il gatto
è sotto
il letto.

☐ Il gatto
è sopra
il letto.

☐ Il gatto
è sotto
il letto.

☐ Il robot
è dentro
la scatola.

☐ Il robot
è sotto
la scatola.

☐ Il robot
è dentro
la scatola.

☐ Il robot
è sopra
la scatola.

Scegliere la risposta giusta.

Dov'è la bambola di Lisa?

- ☐ È dentro l'armadio.
- ☐ È sotto il letto.
- ☐ È sopra la sedia.
- ☐ È sotto il tavolo.

Dov'è il libro?

- ☐ È sopra il tappeto.
- ☐ È sopra la sedia.
- ☐ È sotto il tavolo.
- ☐ È dentro il cassetto.

Dov'è il gatto?

- ☐ È sopra il letto.
- ☐ È dentro il cassetto.
- ☐ È sopra l'armadio.
- ☐ È sotto il tavolo.

Dov'è il tappeto?

- ☐ È sopra la sedia.
- ☐ È sotto il tavolo.
- ☐ È dentro l'armadio.
- ☐ È sotto la lampada.

Dov'è il robot?

- ☐ È dentro la scatola.
- ☐ È dentro l'armadio.
- ☐ È sotto il letto.
- ☐ È sopra la sedia.

Dov'è la palla?

- ☐ È sotto il letto.
- ☐ È dentro la scatola.
- ☐ È sopra il tavolo.
- ☐ È sotto la sedia.

Completare e leggere.

 ...., 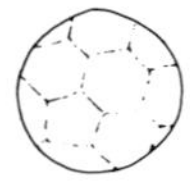 ....

 e .... sono dentro il cesto rosso.

 ....,  ....

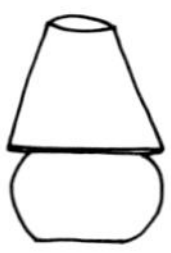 e .... sono sopra il tavolo.

 ....,  ....

 e .... sono dentro il cesto giallo.

Completare con **sopra - sotto - dentro -** al posto dei puntini.

I vestiti di Pupa sono ....
il cesto giallo.

I giocattoli di Mario e Lisa sono
.... la sedia.

I pantaloni azzurri di Paolo sono
.... l'armadio.

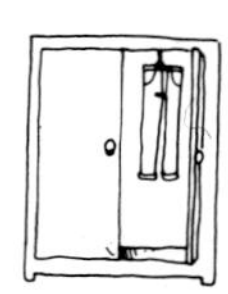

La lampada e la borsa non sono
.... il cesto rosso, sono
.... il tavolo.

Il robot e la palla non sono
.... il tavolo, sono
.... il cesto rosso.

Il cappello e le scarpe di Pupa non
sono .... il letto, sono
.... il cesto giallo.

Filastrocca
per dormire.

Mario dorme
dentro il letto.
Sopra la sedia
dorme il gatto.
Sopra il tappeto
il cane bianco.
Dentro il cesto,
lì vicino,
dorme e sogna
bruco Lino.

Le schede sono state sistemate in ordine decrescente
per facilitare i bambini nel lavoro di ritaglio.

Schede di lavoro

Scheda n. 16

(Unità 9)

Colorare, ritagliare e incollare a pag. 96 e 97.

la palla

la bambola

il libro

la lampada

la borsa

il gatto

Scheda n. 15

(Unità 8)

Tagliare i cartoncini per il gioco n. 4 di pag. 86.

Scheda n. 14

(Unità 8)

Ritagliare e incollare a pag. 82 e 83.

il cappello

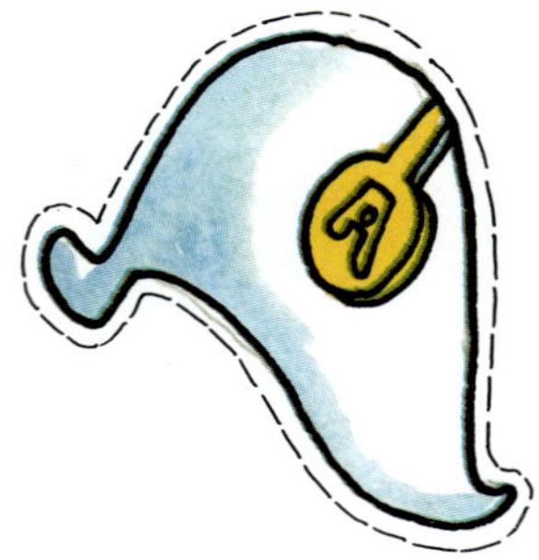

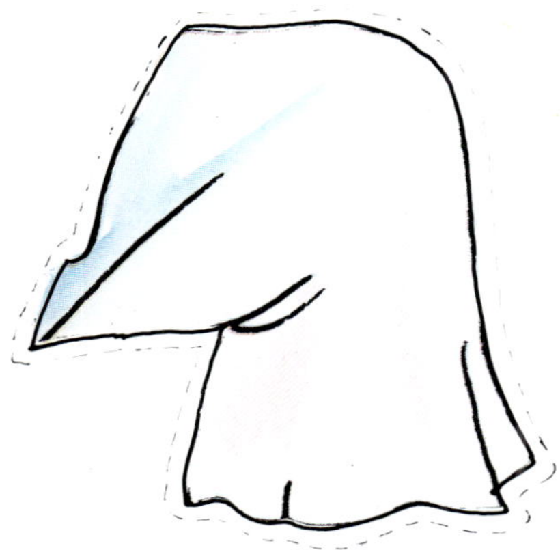

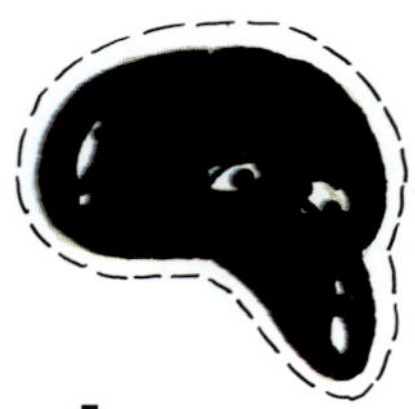

la maschera

Scheda n. 13

(Unità 7)

Colorare, ritagliare, incollare collegando le immagini con i nomi.

La bambola di Lisa Lisa Sara	ha	la camicetta la gonna il vestito le scarpe	
Il pagliaccio di Mario Mario Piero		la giacca il cappello il cappotto i pantaloni	

  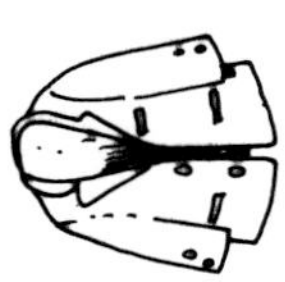   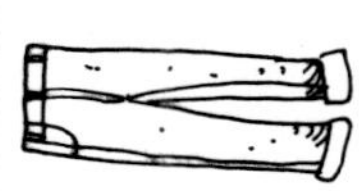  

Scheda n. 12

(Unità 7)

Ritagliare e incollare a pag. 68 e 69.

la camicetta

le scarpe

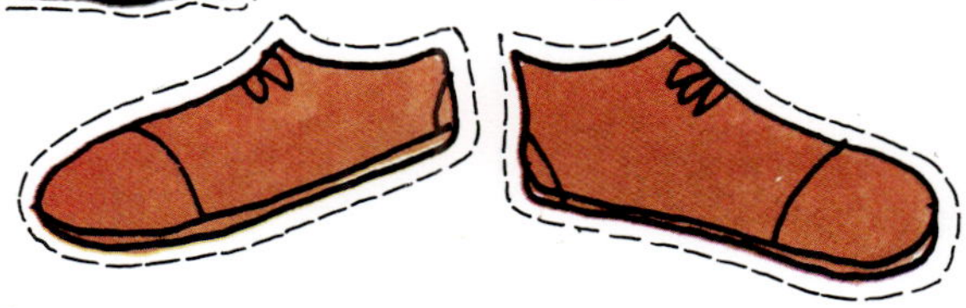

la gonna

la giacca

le scarpe

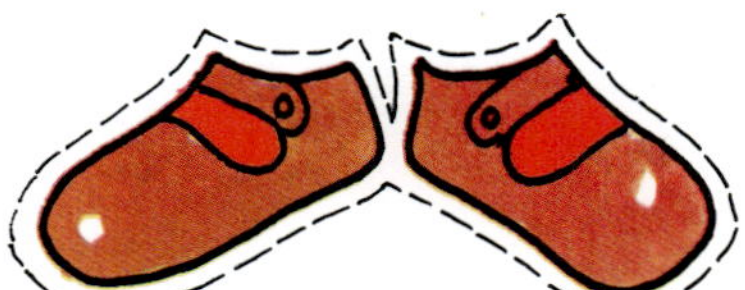

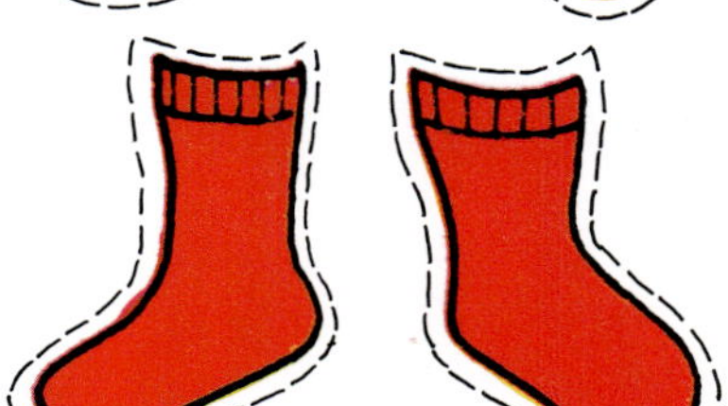

le calze

i pantaloni

Scheda n. 11

(Unità 6)

Disegnare il giocattolo preferito (o ritagliarlo dalla pubblicità) e incollarlo qui sotto.

Il mio giocattolo preferito

E

Scheda n. 10
(Unità 6)

Costruire il robot di pag. 55 con le forme qui sotto.

il tronco

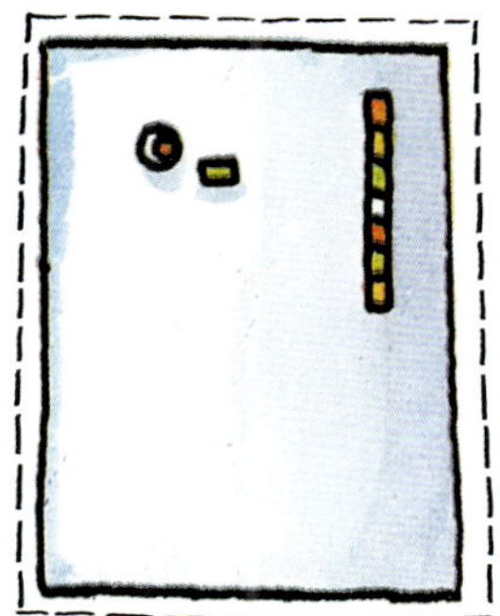

le braccia

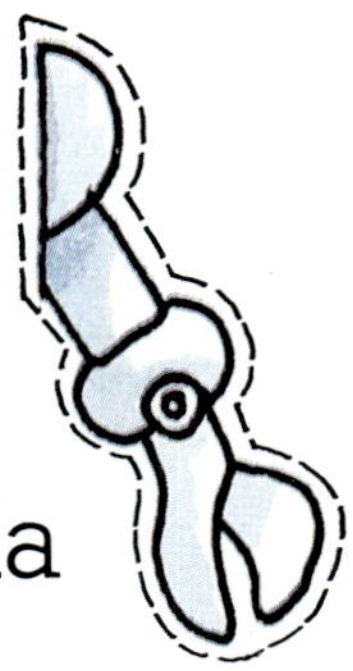

le gambe

la testa

Scheda n. 9

(Unità 5)

Tagliare e incollare a pag. 50.

Ciao!

Ciao!

Arrivederci!

Arrivederci!

Buongiorno!

Buongiorno, signora!

Ciao, Luigi!

Buonasera, signorina!

Buonanotte, papà!

Buonanotte, bambini!

Scheda n. 8
(Unità 5)

Tagliare e costruire il dado.

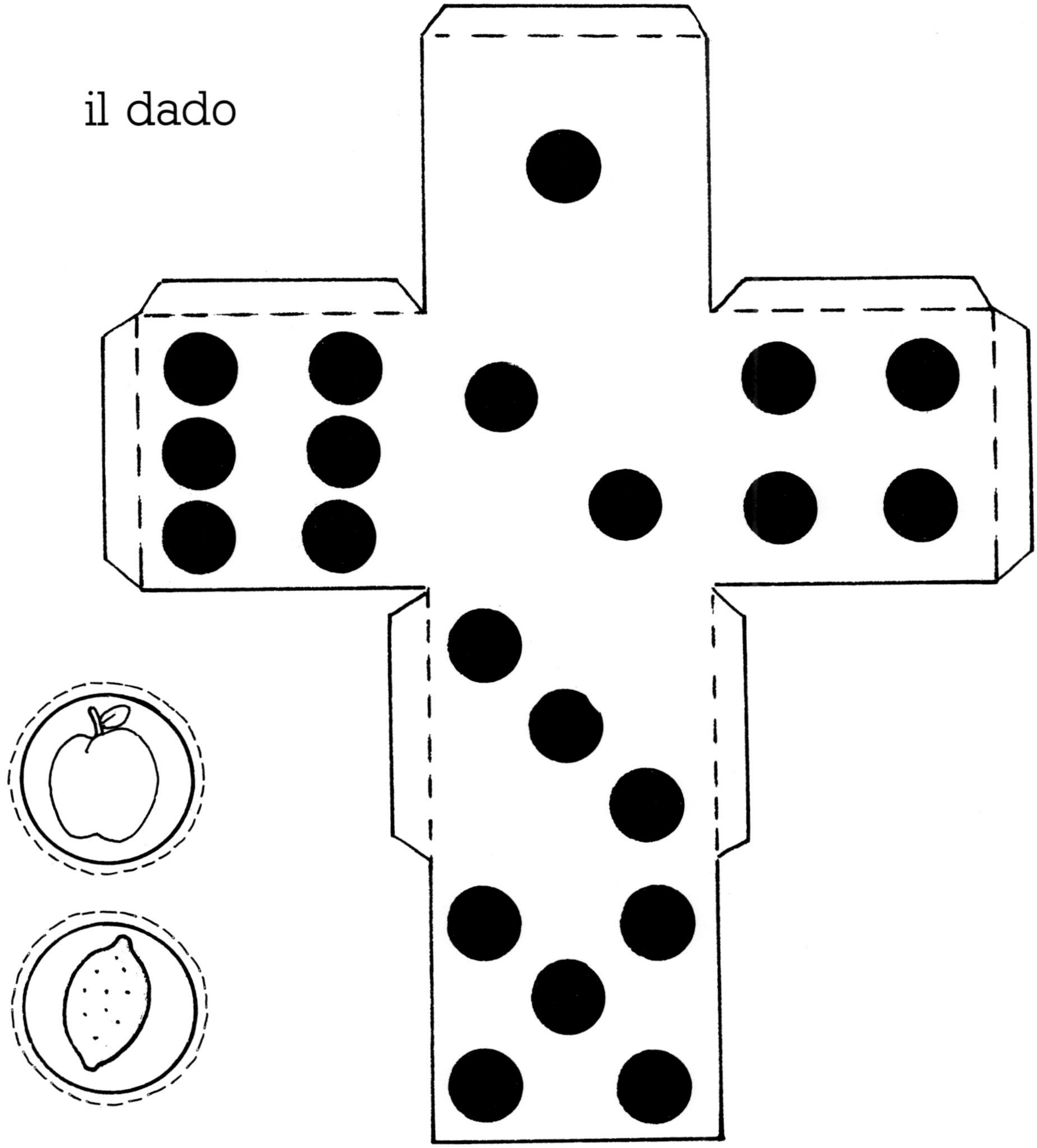

Scheda n. 7

(Unità 4)

Disegnare la propria via, completare, colorare, ritagliare e incollare sul cartellone di classe.

Via ....

Scheda n. 6
(Unità 4)

Ritagliare e incollare a pag. 34 e 35.

il camino

il tetto

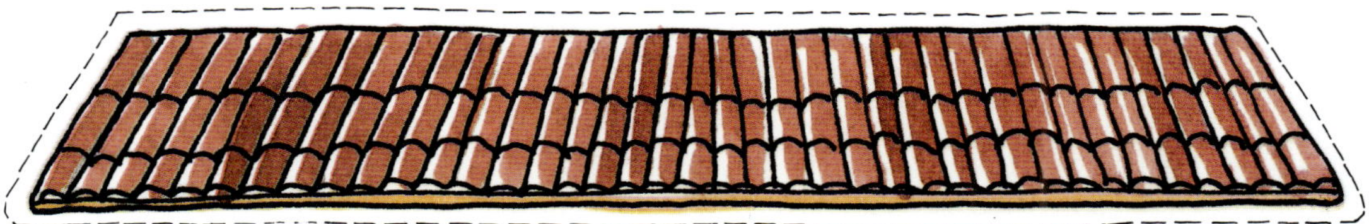

l'appartamento

la porta

Scheda n. 5

(Unità 3)

Disegnare e colorare il papà e la mamma.
Completare, ritagliare e incollare sul cartellone di classe.

Sono i miei genitori.

È il mio papà. Si chiama	È la mia mamma. Si chiama ....

Scheda n. 4

(Unità 3)

Ritagliare e incollare a pag. 22 e 23.

Parte da incollare.

Scheda n. 3
(Unità 2)

Disegnare il proprio ritratto (figura intera).
Completare, colorare, ritagliare e incollare sul cartellone di classe.

io sono un.......... bambin..........

Scheda n. 2
(Unità 2)

Ritagliare, incollare a pag. 12 e 13.

l'orsacchiotto

il giornalino

Scheda n. 1

(Unità 1)

Disegnare il proprio viso, ritagliare e incollare sul cartellone di classe.

TRENTO
TRIESTE
MILANO
TORINO
VENEZIA
GENOVA
BOLOGNA
FIRENZE
ANCONA
PERUGIA
PESCARA
ROMA
BARI
NAPOLI
POTENZA
CAGLIARI
PALERMO
REGGIO CALABRIA

Finito di stampare nel mese di novembre 2001
da Guerra guru s.r.l. - Via A. Manna, 25 - 06132 Perugia
Tel. +39 075 5289090 - Fax +39 075 5288244
E-mail: geinfo@guerra-edizioni.com